$L_n.\ 4675.$ 27

ORAISON FVNEBRE

SVR LA VIE ET LA MORT DE feu Monseigneur HENRY DE BOVRBON Prince de Condé, premier Prince du Sang, Gouuerneur & Lieutenant General pour sa Majesté és Prouinces de Berry & Bourgogne.

Prononcé à Bourges en l'Eglise des Meres Carmelites

Par le R. P. COSME DE S. MICHEL *Religieux Feuillant, Abbé de l'Abbaye de Scelles.*

A BOVRGES,

Par IEAN LEVEZ Imprimeur juré de la Ville & de l'Vniuersité, demeurant au dessus des grandes Escoles. 1647.

A MONSIEVR
DE LA GALLISSONNIERE
CONSEILLER DV ROY EN SES
Conseils, Maistre des Requestes ordinaire de son Hostel, Intendant de la Iustice, Police & Finances en Berry.

MONSIEVR,

Aggreés que ie vous presente par deuoir ce que ie donne au public par obeissance, & que i'appuye de vostre protection vne piece qui est trop foible pour se deffendre & se soutenir d'elle mesme. I'auois crû l'enseuelir dans cette Pompe funebre au milieu de laquelle j'eu l'honneur de la produire par vostre commandement; & t'auois desiré pour elle ce que Job auoit souhaité pour luy qu'elle fut bien-tost reduite au neant, & qu'elle cessat de viure dés le iour de sa naissance: Mais puisque l'authorité que vous exercés dans cette Prouince luy veut donner vne vie qu'elle ne meritoit pas; Puisque Monseigneur l'Archeuesque l'vn des plus dignes Prelats de l'Eglise à ioin. son pouuir au vostre pour me faire consentir à la mettre au jour, i'espere que ces deux grands noms auront assez de splendeur pour éblouïr les yeux qui la pourront voir: Et que la creance où est tout le monde par vne heureuse experience que vous ne faites rien que de iuste, & qui ne soit digne de ce grand esprit & de ce solide iugement dont la nature & la grace vous ont pourueu, obligera vn chacun à regler son sentiment par les vostres, lors nomément que l'on sçaura que i'ay l'honneur d'estre

MONSIEVR,

Vostre tres-humble
& tres-obeissant
seruiteur,

Fr. COSME DE S. MICHEL.

IESVS MARIA.

Mortuus est Pater, & quasi non est mortuus: similem enim reliquit sibi post se. *Ecclesiastici cap. 30. n. 4.*

Il est mort vn grand Prince qui estoit Pere; & cette qualité de Pere nous fait apperceuoir qu'il vit encore en vne noble partie de luy-mesme, ayant laissé vn fils semblable à soy. En l'Ecclesiastique chap. 30.

C'EST vn funeste spectacle & qui defigure estrangement la nature que celuy qui arriue tous les iours au changement qui se faict du iour en la nuict: Nous voyons paroitre le Soleil sur nostre *Orison* qui se fait admirer de tous les hommes comme l'œil, & le *Pere* de l'vniuers; nous découurons toutes les beautés de la terre à la faueur des rayons de sa clarté, & nous éprouuons que la nature ne produit aucun des estres que par le secours de ses influences: Mais apres que le monde a ioüy pendant quelques heures de l'agreable presence de ce bel Astre, il meurt dit Tertullien, à nostre veuë, & trouue son cercueil dans vn nuage, *dies moritur in noctem, & tenebris vsquequaque sepelitur*, La lumiere se pert & s'abisme dans les horreurs de la nuict, le iour se plonge & s'enseuelit dans les tenebres, & l'on diroit que les Estoilles ne paroissent au ciel que pour éclairer aux obseques du monde, que pour estre le superbe ornement de cette pompe funebre. Toutes choses sont dans le silence, dans la tristesse, dans la fraieur, toute la nature paroist en dueil pour pleurer la mort apparente du Soleil, & la perte veritable de la lumiere. De sorte que dans cette triste defaillance du Pere du iour, dans ce desordre vniuersel où son esloignement laisse la nature, le monde pouroit estre inconsolable, si Dieu, comme dit S. Augustin, ne faisoit succeder vn Astre en son lieu qu'il appelle la consolation de la nuit, *Luna noctis solatium*, Astre qui a assez de force & de clarté pour dissiper les plus espaisses tenebres, force & clarté qui estât empruntées du Soleil mesme nous font iuger qu'il n'est pas perdu pour nous, puis que nous auons encore de si beaux restes de sa lumiere au Planette qui tient sa place à nous éclairer.

IE NE TROVVE POINT, Messieurs, de plus noble figure du triste & funeste accident qui

(marginalia: Tertul. lib. de Resur car. cap. 12. ; August.)

est arriué depuis peu à nostre France que celle que ie viens de vous décrire. VN PRINCE du Sang de nos Roys, Vne grande lumiere de cet Estat, vn Astre d'heureuse influence a éclairé long temps au milieu de nous, & a fait par la sagesse de ses conseils les plus beaux iours qui nous ont paru au milieu de nos miseres. Et voicy qu'il faut que ie vous annonce auiourdhuy, que ce sage PRINCE est mort, que cette grande Lumiere est eclipsée, que cet Astre dont l'aspect nous estoit si fauorable est disparu à nos yeux. Quelle apparence y auroit-il donc de se consoler en cette perte? Quel moyen y auroit-il d'arrester le cours de nos regrets si ie n'apportois le correctif à cette rude parolle au mesme temps que ie vous l'annonce, si ie ne vous remettois dans la pensée que le Soleil qui luisoit sur nous, nous a laissé en se retirant vn Astre semblable à luy par lequel il continuë de nous communiquer ses lumieres, en sorte que nous pouuons dire auec l'Escriture qu'il est mort & ne l'est pas, *Mortuus est Pater, & quasi non est mortuus: similem enim reliquit sibi post se.*

C'est tousiours vn entretien bien fascheux que de parler de la mort, veu qu'il y a quelque chose de terrible dans ce nom farouche dont l'esprit humain conçoit vne frayeur naturelle. Il n'y a personne si ferme

& si resolu qui n'ait quelque atteinte d'épouuante ou de pitié au spectacle de la mort d'autruy, qui ne palisse & ne tremble aux approches de la sienne: Il n'est pas iusque aux creatures les plus insensibles qui n'ayent vne secrette auersion de leur fin & de leur ruine. Les bastimens semblent se plaindre quand on les démolit, les statues quand on les brise, les arbres gemissent quand on les couppe, & les plantes quand on les arrache. En vn mot, Messieurs, c'est vne chose bien redoutable à toute la nature que le seul nom de la mort, & le discours n'en peut estre que triste & funebre. Côment donc oseroije me preseter auiourdhuy pour vous parler, non pas d'vne mort commune, mais pour annõcer à tout le monde l'Eclipse de son Soleil, pour faire entendre aux Chrestiens la cheute d'vne des plus fortes colomnes de la Foy, pour publier dans la France la mort de l'vn de ses plus grands Princes, pour dire à cete Prouince la perte de son plus puissant protecteur, pour faire retentir dans cette grande ville le trépas de son Pere & de son Appuy, pour annoncer à l'élite de cette illustre assemblée la mort d'vn Prince obligeant & genereux qui les auoüoit pour ses amis, & que ces personnes recognoissantes publient hautement pour leur bien-faicteur? Comment dije oseroije paroistre icy pour repeter par vne redite importune de si funestes nouuelles, si ie n'auois trouué le moyen d'en adoucir l'amertume en prononçant par l'authorité du S. Esprit que ce Soleil n'est pas du tout eclipsé, que cette colomne de la Foy n'est pas entierement renuersée, que ce Prince n'est pas perdu pour la France, que cette Prouince n'est pas denuée de ce protecteur, que cette ville n'a point perdu ce cher Pere, que ces illustres personnes qui m'écoutent ne sont point priuées de leur bienfaicteur. *Mortuus est Pater, & quasi non est mortuus, similem enim reliquit sibi post se.* Le Prince est mort à la verité, mais il vit en la personne d'vn autre Prince son Fils qui est heritier de ses affections & de ses vertus, aussi bien que de ses grandeurs & de sa gloire.

Et c'est cette consideration, Messieurs, qui m'oblige à partager mon discours, & à tirer en premier lieu l'eloge de nostre Prince defunct de sa propre vie, & puis de celle de ce grand Prince son fils, en la personne duquel on peut dire veritablement qu'il reste encore auiourdhuy, & qu'il continuë de viure. *Mortuus est Pater, & quasi non est mortuus.*

Les Euangelistes & sainct Paul semblent estre d'vn contraire sentiment touchant les genealogies humaines, & laissent l'orateur chrestien en vn iuste doute s'il doit les fuir, ou s'y arrester, lors qu'il trauaille à l'Eloge de quelque grand prince où il doit tousiours garder les reigles de l'Euangile. Les vns voyans que l'histoire de Iesus-Crist commance dans S. Mathieu par son ilustre genealogie & qu'il a voulu apprendre au monde qu'il estoit né du sang des Roys de Iuda, auant que de vous rien dire de ses qualitez diuines & humaines, concluent qu'on ne peut faillir apres vne plume que le S. Esprit a conduitte, & que c'est sans doute vn aduantage qui ne doit pas estre negligé dans le panegyrique des saincts mesmes que celuy qu'on peut tirer de la Noblesse de leur origine, puisque le Sauueur du monde a bien voulu auant eux tirer sa gloire d'estre né d'vne famille Royalle. Les autres s'attachans à la lettre de S. Paul soutienét que c'est vne pure vanité de rechercher la genealogie des Chrestiens qui ne sont rien auant qu'estre à Dieu & qui trouuent le premier tiltre de leur noblesse dans le carractere de leur Baptesme. Or ceux qui ont recours à l'anciene loy pour trouuer quelque esclercissement à ce doute y rencontrent le mesme suiet de partager leur esprit, y voyans des passages auantageux & d'autres peu fauorables pour les genealogies. Ils lisent au chapitre sixiesme de la Genese que Sem & ses freres sont exaltez pour la gloire d'estre les enfans du Patriarche Noë & à deux pages de là ils trouuent vn Mel-

Ad Tit. c 3. n. 9.

Genef. cap. 6.

chifedech à qui l'efcriture fainéte donne de grandes
loüanges fans qu'elle dife vn feul mot de fon Pere, de
fa Mere, de fa genealogie, ainfi que S. Paul mefme l'a ^(Hebreor.)
remarqué en fon Epiftre aux Hebreux. Quand à l'an- ^(c. 7.)
ciene & moderne Theologie, elles peuuent fournir de
leur part de quoy defendre affes vray femblablement
les deux parties contraires de cette queftion. Si l'on
confulte l'ancienne qui n'eftoit pas bien efclercie de
l'origine de l'ame, & penchoit beaucoup plus à foutenir que nous la receuons auec le fang de nos peres,
qu'à croire qu'elle foit immediatemét créee de Dieu,
elle nous dira que tout l'homme en tant qu'il eft com-
pofé de corps & d'efprit eftant comme vne partie de-
tachée de celuy qui luy a donné la vie, il importe ex-
tremement de fçauoir de qui il a receuë pour fonder
fon premier efloge fur fa naiffance s'il eft né d'vn pere
noble & vertueux. Et de vray fi noftre ame eftoit dãs
le fang comme nous lifons au D'euteronome que
Dieu y a mis celle des beftes, il faudroit prononcer ab- ^(Deuter.)
folument de tous les hommes ce qu'vn ancien Poëte ^(c. 12.)
a dit des animaux. *Fortes creantur fortibus, nec im-*
bellem feroces progenerant Aquilæ columbam, que les
Aigles n'engendrent point de colombes, & que la
force & le courage des peres coulent toufiours dans
les veines de leurs fils auec le fang. Mais la foy nous

enseignant auiourd'huy que Dieu crée immediatement de sa main l'ame immortelle de l'homme, & qu'il ne reçoit du pere en la generation que l'habit & l'enchasseure de cette noble substance, il semble qu'il importe peu d'où nous descendions selon le corps, puis que c'est tousiours Dieu seul qui est Pere & Createur de nostre ame.

Quoy qu'il en soit, ie n'ay presentement aucun interest de resoudre ce problesme, puisque ce n'est pas de sa resolution que i'attens à prendre party, & à me determiner si ie dois commancer l'Esloge de nostre grand Prince par sa genealogie. Ma peine sur ce suiet vient d'vne autre cause, elle procede d'vn doute où ie suis si ça esté vn auantage, ou vne disgrace à cette grande ame de naistre du sang des Bourbons au temps qu'il est venu au monde. Pardon, Race illustre, tige sacrée de nos Roys, pardon si ie laisse pour vn moment la pensée à mes auditeurs que ie conçoiue qu'il y ait quelque chose sur la terre, de plus grand, de plus noble, de plus excellent que vous. Pardon si i'ose douter si ça esté vn bien à ce Prince d'estre né dans la premiere famille du monde, dans vne maison toute eclatante d'Altesses, d'Eminences, & de Maiestés, d'estre né du plus illustre sang de la terre, d'estre descendu aux costez de trente Roys & d'estre formé d'vn

sang

sang genereux, qui a esté canonizé en sainct Louys, couronné en ses enfans & reueré en cent Princes: Ie sçay, Messieurs, ie sçay que si ie ne consulte que les maximes du monde, si ie ne regarde que la grandeur, si ie ne m'arreste qu'à l'éclat, qu'à la noblesse, au courage, ie ne pourray douter raisonnablement que nostre Prince deffunct n'ait esté le plus heureux & le plus fauorizé qu'on le sçauroit estre de la nature, d'estre né de l'illustre & genereux sang des Bourbons. Mais si ie considere auec douleur que ce sang qui auoit esté si sainct, & si pur l'espace de plusieurs siecles, s'estoit presque corrompu dans les veines de Louys, & d'Henry de Bourbon Pere, & grand pere de nostre Prince. Si ie considere que ces deux Prodiges de valeur qui ne degenerent iamais du courage de leurs Ancestres se laisserent malheureusement surprendre par la malice du temps appuyants de leurs bras inuincibles la rebelliõ & l'heresie; ie crois que ie dois douter si ce ne fut point vn malheur à nostre Henry de naistre de ces grands Princes. Voire mesmes ie croy qu'estant chrestien, & François ie deurois dire absolument, ie deurois dire sans doute & sans crainte que ce luy auroit esté vne veritable disgrace d'estre né d'vn sang rebelle & heretique quoy qu'illustre, & genereux, si la grace & sa vertu n'auoient tiré sa plus grande gloire.

B

de ce malheur, lequel doit faire auiourd'huy le plus beau suiet de son Eloge.

L'antiquité nous a voulu faire croire que son Dieu Hercule donnant des essais de sa force dés son enfance se desfit par sa valeur de deux serpês qui vinrent pour l'estouffer dans son berceau; Ie laisse à iuger, Messieurs, de la verité de cette histoire, cepédant que ie vous fais remarquer que nostre Prince naissant remporta veritablemét le méme aduantage sur deux serpens furieux qui se presenterent à luy pour le perdre dés son premier aage, ie parle de l'esprit de rebellion, & d'heresie qui s'estoient coulez subtilement dans ses veines, & sembloient estre sortis du tombeau de ses Peres qui les auoient detestez apres leur mort pour venir empoisonner ce ieune Prince au milieu de leur Empire, i'appelle ainsi S. Iean d'Angely lieu de sa naissance, ville qui celebre par ses reuoltes, & par la peine qu'elle auoit donnée à Charles neuf de l'assieger en personne, ville qui estoit l'horreur des Catholiques & les delices des infideles, cõme estant l'vn des plus forts bouleuarts de l'heresie, l'vn des plus forts Asiles de l'impieté : Ce fut là que les deux serpens, ce fut là que l'esprit d'erreur & de reuolte allerent assaillir ce nouuel Hercule pour ruiner sa fidelité enuers le Prince, & sa creance enuers Dieu. Mais ce ieune heros que le ciel auoit destiné pour estre l'appuy de la Religion & de l'estat combatit si puissamment ces deux monstres qu'il en triompha heureusement dés l'aage de huict ans obeyssant au Roy qui l'appelloit à la Cour, & à Dieu qui l'appeloit à l'Eglise; De sorte qu'on doit luy esleuer par Iustice, & par effect les trophées imaginaires que la victoire pretenduë d'Hercule se fit dresser autrefois. Que s'il vous semble qu'vne fable si cognuë ne soit digne d'estre la figure des veritables triomphes de nostre Prince, trouuons dans les saintes lettres l'image auguste de ses victoires, voyons le en la personne du ieune Dauid surmonter les Ours & les Lions auec la mesme facilité qu'il eust euë à terracer des Agneaux. C'est le S. Esprit, Messieurs, qui en parle de la sorte au chapitre 47. de l'Ecclesiastique. *Cum Leonibus lusit quasi cum Agnis & in vrsis similiter fecit sicut in agnis ouium*, Dauid n'ayant encor que l'aage d'enfant terrassoit d'vne force de Geant les Lions & les Ours, & la facilité de les dompter luy estoit si naturele qu'il sembloit qu'il se iouast auec des moutons. Que si vous rappellez le funeste souuenir de nos dernieres guerres ciuiles vous y verrez l'heresie comme vne beste farouche qui fait trembler toutes les parties de la France, vous l'y verrez faire plus de maux, & de desordres que les Ours & les Lions, vous verrez que la

Ecc. cap. 47.

conuerfion du Prince de Condé qui eftoit fon plus ferme appuy auoit telement accreu fa rage qu'elle eftoit reduite au defefpoir: fi bien que tout le monde fuyoit deuant cette befte furieufe cependant que noftre nouueau David au rapport fidele de l'hiftoire triomphoit d'elle fans refiftence, & meflant la douceur charmante de fa ciuilité naturele parmy la force de fes raifonnemens il domptoit comme des agneaux les partifans de cette rebelle & les mettoit dés fon premier aage hors de combat par les armes de fon Eloquence & de fa doctrine. *Cum Leonibus lufit quafi cum agnis & in Vrfis similiter fecit ficut in agnis ouium.*

Il n'eft pas croyable combien la chaleur auoit efté grande dans le parti infidele pour empefcher que cette noble proye ne leur echapaft, la Rochelle en auoit efcrit au Gouuerneur de la Ville qui le retenoit comme captif, toute la fecte auoit fait des vœux publics pour le conferuer voulant intereffer le ciel contre luy mefme. Mais le S. Siege occupé pour lors par Clement huictiéme l'vn des grands Papes qui l'ait rempli depuis S. Pierre, regardoit ce petit Prince d'vn œil de Pere, & preuoyant que Dieu en vouloit faire vne colonne pour foutenir fon Eglife faifoit de fa part de iuftes efforts pour fe l'acquerir, pour le ranger au nombre de fes enfans. Il me femble voir dans cette dispute inegale de S. Iean d'Angely & de Rome, dans cette contestation de la Religion & de l'heresie le debat celebre de ces deux femmes qui contesterent deuant le Trosne de Salomon soutenant qu'vn mesme fils leur appartenoit, l'vne estoit veritablement sa mere, & demandoit son enfant auec de iustes raisons, & des larmes veritables, l'autre estoit vne fourbe artificieuse qui n'ayant aucun droit à ce fils ne laissoit pas de faire instance pour l'auoir auec des cris importuns: de sorte que le Prince voyoit peu de iour à decider cette affaire iusqu'à ce que l'instinct d'vne sagesse diuine luy fit recognoistre la vraye mere, au consentement cruel que donna l'autre que l'enfant fut partagé, & diuizé entre elles deux. *Nec mihi nec tibi sit, sed diuidatur* Il est sans doute Messieurs que l'Eglise estoit la vraye & vnique mere du ieune Prince qui faisoit le suiect du different dont ie parle. Il est sans doute que l'ayant engendré par le baptesme c'estoit iustement qu'elle le demandoit à Dieu & au Roy auec d'instantes prieres, mais cependant l'heresie ne laissoit pas de luy contester & de faire mille efforts pour le retenir, & le nourrir dans son sein: iusqu'à ce que nostre grand Monarque Henry 4. comme vn autre Salomon termina cette dispute & l'on cogneut l'equité de son iugemét lors qu'il eut donné

Reg. l. 3 cap. 8.

ce fils à l'Eglise, aux lasches instances que fit l'heresie d'en auoir au moins vne partie puis qu'elle ne pouuoit pas le posseder tout entier, car ayant enuoyé des ~~despesches~~ vers ce Prince pour luy demander son conseil & son secours n'estoit ce pas desirer sa teste & son bras ce pendant que l'Eglise auoit son cœur? *Nec mihi nec tibi sit, sed diuidatur.*

deputhy

Mais ce fils chrestien & genereux qui vouloit garder parfaictement la fidelité qu'il auoit iurée à sa saincte mere la vraye Eglise de se garder tout entier pour son seruice, répondit seuerement à ses agens temeraires qui vouloient le partager en demádant son appuy qu'il ne le verroient iamais chez eux sinon la verité sur les leures pour les reduire à la foy, ou les armes à la main pour les ranger à l'obeyssance. Et deslors il iura vne guerre si irrecōciliable auec le party rebelle qu'il n'eust plus de pensées, d'ambition, & de desirs que pour les destruire, voulant venger hautement l'affront que la France souffroit depuis tant d'années de ne defendre la foy que par des Princes estrangers. Aussi entendit-on vn coup de foudre par vn temps serain pendant qu'il receuoit le baptesme qui sembla luy donner le nom d'enfant du tonnerre en cette nouuelle naissance & de le rendre conforme au disciple bien aymé à qui Dieu donna le mesme nom afin qu'il foudroyast les disciples d'Ebion & de Cerinthe comme nostre Prince ruina depuis les sectateurs de Beze & de Caluin.

Qu'il a de ioye d'accepter l'employ, que l'on luy donne en Guyene contre l'heresie! qu'il a d'impatience de l'executer! son zele l'emporte dés son arriuée à tesmoigner de l'aigreur & du ressentiment au Duc d'Elbeuf de ce qu'il auoit accordé vne composition trop fauorable à ceux de Tonenx les plus forts & les plus seditieux du parti rebelle. Et cette seuerité luy fut si aduantageuse que ceux de Lunel l'vne des meilleures Places du bas Languedoc redoutant vne si iuste colere implorerent de bonne heure sa misericorde, comme firent à leur exemple ceux de Sommiers ausquels il ne laissa que la vie sans aucune marque d'honeur militaire. Cette saincte & genereuse ardeur à dompter & humilier les ennemis de l'Eglise le porta enfin si auant que voyant sa Majesté resoluë à donner la paix à tout le parti, iamais cet inuincible defenseur de la foy n'y put consentir, mais s'en allant à Lorette auec le congé du Roy, il aima mieux vne deuote retraite vers la mere de son Dieu, que l'Eglise appelle le fleau tout puissant des heretiques, que le commandement d'vne grande armée qui cessoit de les combattre. Mais il eut enfin la consolation de voir rompre cette treue, & d'auoir la meilleure part aux guerres de Languedoc, de Dauphiné, de Guyene où il prit plusieurs places aux ennemis, & rétablit l'ancien lustre de la Religion Catholique en beaucoup de bonnes villes où elle n'auoit pas paru depuis cinquante ans.

Vous estonnez vous apres cela, Messieurs, si Dieu le recompense si noblement, & s'il comble d'honneur & de gloire vne vertu qui auoit pris pour obiet la ruine entiere de ses ennemis? Vous estonnez vous si le ciel le destinant à tant d'emplois d'importance, l'auoit fait naistre si accompli en toutes choses? N'estoit-il pas besoin qu'il eust cet esprit vif & perçant qui rauissoit tout le monde pour découurir les ruses, les desseins & les embusches des heretiques? Ne deuoit-il pas estre pourueu de ce iugement solide, de cette haute sagesse qui a passé pour vn miracle de nos iours, pour assister & presider souuent aux Conseils où l'on prenoit les resolutions pour conseruer cet Estat, & pour ruiner les rebelles? N'estoit-il pas necessaire qu'il receut du ciel cette rare eloquence qui charmoit les oreilles & gaignoit les cœurs pour répondre comme il faisoit sur le champ à toutes sortes d'harangues & de requestes, & pour ramener à la cognoissance de la verité ceux qui ne pouuoient souffrir qu'ils s'y fut rangé luy gé luy mefme? Et puis qu'il auoit esté si fidelle à Dieu que d'employer pour son seul seruice toutes ces belles qualités, tous ces merueilleux talens qu'il luy auoit departis, n'estoit-il pas iuste qu'il en receut dés ce monde vne auguste recompense, & qu'il fut comblé en sa vie de gloire de prosperités, & de grandeurs? Ouy, Messieurs, il estoit de la Iustice aussi bien que de la bonté de Dieu de donner au plus accomply des Princes l'Espouse la plus parfaite qui fut sur la terre, de luy donner les plus dignes, & plus genereux enfans qui sortirent iamais d'vn sang Royal, de luy accorder vne vie longue, illustre, glorieuse, de luy procurer les benedictions & les loüanges des peuples & de le combler d'autant de gloire qu'en peut desirer vn Prince genereux & Chrestien.

Mais cette qualité de Prince Chrestien m'aduertit de prendre garde de ne pas comprendre toutes les faueurs qu'il a receuës du Ciel dans la seule gloire de ses prosperités & dans les seuls bons succés de sa vie. Les afflictiós qu'il a eües & les disgraces qu'il a supportées doiuét tenir vn illustre rang parmy les dons que Dieu luy a faits, & parmy les plus grãds biens dont il luy soit redeuable. Et j'auoüe que ie meriterois qu'ō me banist de la chaire de verité ou i'ay l'honneur d'estre, si ie n'y parlois le langage de l'écriture & des Peres, si ie n'appelois les souffrâces des faueurs de Dieu & si ie ne regardois celles qui sont ariuées à nostre Prince comme les liurées de Iesus Christ & le caractere de sa Croix. L'estat de la loy Euangelique n'est pas celuy de la loy ancienne où le commun de nos Peres ne recognoissoient point d'autres felicités que la possessiō des biens temporels, biens qui sont souuent si peu dignes de seruir de recompense à vne vertu Chrestienne, qu'il semble que Dieu ne les auoüe pas comme siens & que ce soit par sa permission qu'ils sont appelés iusqu'auiourd'huy parmy nous biens de fortune. Et certes la Philosophie Payene auroit vn grand auantage sur la nostre si la gloire de souffrir pour Dieu ne passoit pas dans nos maximes pour le plus cōsiderable de tous les biens. Seneque qui a fait vn demy Dieu de Caton au liure de la prouidence à cause que sa pretendüe vertu fut tousiours persecutée, & qu'il demeura debout parmy les ruynes publiques. *Inter ruinas publicas rectus* auroit sujet de condemner hautemēt nostre secte d'iniustice, si elle ne couronoit que les bons succes, & si elle n'auoit point d'Eloges & de recompenses pour les disgraces que le Ciel enuoye, pour les peines & les afflictions que Dieu fait souffrir.

Disons donc Messieurs, disons dans toute l'estendüe que peut auoir le passage de S. Paul *Diuisiones*

Seneca. lib. de prouid.

1. Cor. 12.

gratiarum sunt, que c'est sans doute qu'il y a diuerses sortes de graces exterieures dans la loy Chrestiene, & que si les biens temporels que Dieu enuoye meritent quelque fois de porter ce nom, il est deu auec bien plus de justice aux Croix, aux maladies, aux disgraces, qui vienent de luy. Et partant que ce soit si vous voulés vne insigne faueur du Ciel à nostre Prince d'auoir eu des qualités natureles tres rares & tres eminétes, d'auoir eu de fauorables succez dans la plufpart de ses entreprises, d'auoir esté le plus heureux de tous les hommes dans son alliance, d'auoir esté le plus glorieux de tous les Peres en Messeigneurs ses Enfans: Que ce soit pour luy le comble du bon heur d'auoir laissé deux jeunes Princes à la France qui font tant de merueilles dés leur premier aage chacun dans sa côdition qu'on peut dire sans flater que l'vn promet vn Empereur au monde, & l'autre vn Pape à l'Eglise. Que ce soit di-ie vne grace particuliere au Prince deffunt d'auoir esté comblé de tant de biens & de gloire pendant sa vie; mais tombons d'accord auec l'Euangile que celuy est vne autre grace qui surpasse la premiere, d'auoir esté traitté en enfant de Dieu, d'auoir porté l'auguste caractere du Christianisme, & de n'auoir iamais manqué de souffrances. Appellons ses esloignements de la Cour vne insigne grace, appellons sa prison de

C ij

trois années vne longue grace; appellons ses maladies aiguës, appellons la mort des Princes ses enfans de puissantes graces; & disant auec Sainct Paul *Diuisiones gratiarum sunt* qu'il y a des graces de diuerses sortes, adioutons y ce beau mot du mesme Apostre *Idem autem spiritus*, qu'elles ne sont graces qu'entant qu'elles procedent d'vn mesme Esprit, qu'entant qu'elles sont receuës d'vn méme cœur, regardées d'vne mesme veüe, & supportées d'vn mesme courage.

C'est Messieurs à cette noble marque que ie recognois euidamment le doit de Dieu dans tout le cours de la vie de nostre Prince, c'est de sa ferme & constante vertu que j'infere que toutes les afflictions qui luy sont arriuées estoient des graces d'enhault. Quand vne maladie mortelle le vient surprendre dans la vigueur de son aage, il faict aussi tost vn genereux sacrifice de sa vie à celuy qu'il en recognoist l'autheur, & dit d'vne fermeté Chrestiene qu'il est content de mourir. Quand il se voit priué de sa liberté l'espace de plusieurs années, il s'humilie sous le bras puissant qui l'afflige & s'anime d'vn grand cœur à vne si haute patience qu'il rend sa prison volontaire vn iour entier refusant de la quitter le mesme iour qu'il a pouuoir d'en sortir. Quand le Ciel le traite auec la mesme rigueur qu'il exerça sur ce vertueux Prince de la gentili-

gratiarum sunt, que c'est sans doute qu'il y a diuerses sortes de graces exterieures dans la loy Chrestiene, & que si les biens temporels que Dieu enuoye meritent quelque fois de porter ce nom, il est deu auec bien plus de justice aux Croix, aux maladies, aux disgraces, qui vienent de luy. Et partant que ce soit si vous voulés vne insigne faueur du Ciel à nostre Prince d'auoir eu des qualités natureles tres rares & tres eminétes, d'auoir eu de fauorables succez dans la pluspart de ses entreprises, d'auoir esté le plus heureux de tous les hommes dans son alliance, d'auoir esté le plus glorieux de tous les Peres en Messeigneurs ses Enfans: Que ce soit pour luy le comble du bon heur d'auoir laissé deux jeunes Princes à la France qui font tant de merueilles dés leur premier aage chacun dans sa côdition qu'on peut dire sans flâter que l'vn promet vn Empereur au monde, & l'autre vn Pape à l'Eglise. Que ce soit di-ie vne grace particuliere au Prince deffunt d'auoir esté comblé de tant de biens & de gloire pendant sa vie; mais tombons d'accord auec l'Euangile que celuy est vne autre grace qui surpasse la premiere, d'auoir esté traitté en enfant de Dieu, d'auoir porté l'auguste caractere du Christianisme, & de n'auoir iamais manqué de souffrances. Appellons ses esloignements de la Cour vne insigne grace, appellons sa prison de

C ij

trois années vne longue grace ; appellons ses maladies aiguës, appellons la mort des Princes ses enfans de puissantes graces ; & disant auec Sainct Paul *Diuisiones gratiarum sunt* qu'il y a des graces de diuerses sortes, adioutons y ce beau mot du mesme Apostre *Idem autem spiritus*, qu'elles ne sont graces qu'entant qu'elles procedent d'vn mesme Esprit, qu'entant qu'elles sont receuës d'vn méme cœur, regardées d'vne mesme veüe, & supportées d'vn mesme courage.

C'est Messieurs à cette noble marque que ie recognois euidáment le doit de Dieu dans tout le cours de la vie de nostre Prince, c'est de sa ferme & constante vertu que j'infere que toutes les afflictions qui luy sont arriuées estoient des graces d'enhault. Quand vne maladie mortelle le vient surprendre dans la vigueur de son aage, il faict aussi tost vn genereux sacrifice de sa vie à celuy qu'il en recognoist l'autheur, & dit d'vne fermeté Chrestiene qu'il est content de mourir. Quand il se voit priué de sa liberté l'espace de plusieurs années, il s'humilie sous le bras puissant qui l'afflige & s'anime d'vn grand cœur à vne si haute patience qu'il rend sa prison volontaire vn iour entier refusant de la quitter le mesme iour qu'il a pouuoir d'en sortir. Quand le Ciel le traite auec la mesme rigueur qu'il exerça sur ce vertueux Prince de la gentilité qui est si celebre en l'escriture par l'excés de ses miseres quand il pert comme luy tous ses Enfans & qu'il en voit mourir trois deuant ses yeux pour accroistre le dueil de sa captiuité, il adore sans murmure la prouidence diuine qui en dispose, & merite par la resignation de son Ame la mesme recompense que receut Iob, Dieu luy redonnant autant d'enfans que la mort luy en auoit rauis, enfans qui sont auiourdhuy l'appuy de la France, la terreur de l'ennemy, l'admiration de toute la terre. Enfin si le cours de la vie de nostre Prince qui a esté vn meslange continuel de biens & de maux a donné diuers visages à sa fortune, il n'a jamais donné qu'vne mesme posture à son grand cœur, qui est tousiours demeuré ferme & inebranlable dans les prosperités, & dans les disgraces. [Iob.]

Si vne heure de discours pouuoit étaler les merueilles d'vne illustre vie qui a honoré le monde peu moins de soixante années, ie vous ferois voir Messieurs, qu'il n'y a presque aucune vertu morale & Chrestienne dont il n'ayt donné autant d'excellés exemples que de celles dont ie viens de vous parler : ie vous ferois recognoistre le sang de S. Louys qui rendoit luy mesme la Iustice au peuple, dans cette aymable facilité de nostre Prince debonaire à receuoir les plus pauures dans son cabinet pour escouter fauorablement leurs plaintes, pour respondre leurs requestes & pour terminer leurs affaires auec tant d'équité que vous auoueriés que ce fut vn preiugé de sa Iustice future qu'il nacquit au mois de l'année qui est soubs le signe de la balance. Ie vous ferois admirer en luy la plus penible des vertus Chrestiennes le pardon des ennemis qu'il exerça d'vne bonté inoüie enuers l'vn des premiers chefs d'vn Parlement de France, lequel estant conuaincu par le tesmoignage mesme d'vn de ses proches d'estre autheur d'vne Poësie satirique & diffamatoire qui auoit esté faite contre luy & affichée en place publique, il traita si fauorablement le coulpable, qu'au lieu de le maltraiter & vanger sa propre iniure, il ne passa qu'à le reconcilier auec son parent qui l'auoit accusé deuant son Altesse, commandant qu'ils vecussent bons amis & qu'ils s'embrassassent en sa presence. I'adiouterois à cela Messieurs, les preuues de son insigne pieté à frequenter les SS. Sacrements, de son zele à faire honneur & seruir l'Eglise, de son amour enuers ses saintes Ceremonies, de sa feruéur à assister au chant des Offices, & de mille autres excellentes habitudes de ce pieux Prince dont la memoire sera eternellement honorée parmy les Chrestiens.

Au reste, Messieurs, que l'on ne m'accuse pas de dissimuler ses defauts, & de couurir sous le voile honorable du filéce quelques taches qui ont terny pour vn temps le beau luftre de fa vie. Elles font fi rares & fi legeres à comparaifon de fes eminentes vertus que bien que les reigles du Panegerique n'obligent pas l'orateur à faire montre des vices de celuy dont il publie les Eloges, ie crois neantmoins pouuoir decouurir ceux de ce Prince fans diminuer beaucoup la gloire de fes belles actions.

Les faultes des Grands font plus de bruit dans le monde que les efclats de tonnerre, ils donnent plus dans la veuë des hommes que les eclairs, les vouloir cacher aux yeux des peuples c'est vouloir couurir le Soleil & eftouffer la lumiere : auffi Eufebe n'a't'il rien auancé ecriuant la vie de Conftantin de taire la mort de fon fils Crifpus dont tous les autheurs le chargent, finon qu'il a paffé pour vn hiftorien infidele qui auroit rendu fufpectes les veritables loüanges qu'il a données à ce Prince fi des plumes plus croyables que la fienne ne les auoient puiffamment authorifées. Toute l'Efpagne n'a point affés d'artifices pour décharger Philippe Second de la mort du Prince Charles fon Fils. Tous les nuages dont on veut couurir cette cruauté ne peuuent empefcher que la verité ne fe faffe iour pour la mettre en euidence, & la mefme renommée qui porte par toute la terre les vertus de ce fage

Prince, annonce d'vn même temps qu'il a fait mourir son fils. C'est donc vn mauuais artifice, & qui reüssit mal à ceux qui en vsent, de vouloir cacher les vices publics des grands dont ils escriuent l'histoire: Pour moy ie n'ay point graces à Dieu à franchir de ces mauuais pas dans la vie de nostre Prince, elle n'est pas moins pure des meurtres, des cruautez & d'autres semblables crimes, que le Soleil est exempt des noires vapeurs qui forment l'orage dans les nuës.

Tout ce que l'on peut blâmer en sa cōduite c'est d'auoir esté en quelques rencontres le chef & l'appuy des mescōtens qui le porterent à prendre les armes contre son Roy. Or quoy que ie peusse pallier honestement cette faute luy donnant les noms specieux de defence du peuple & du bien public; quoy qu'il me pû estre permis de iustifier ses souleuemans par l'adueu de sa Maiesté mesme qui les recogneust estre faits pour son seruice aux traictés de sainct Menehou, & de Loudun; ie rends neantmoins trop de respect à la chaire de verité pour en parler de la sorte. I'ayme mieux aduouër ingenument que nostre Soleil fust suiect à quelques eclipses, & que Dieu permit ces petites defaillaces en ce bel Astre, de peur qu'il ne tirast trop de gloire des rauissantes clartez & des douces influances qu'il repandoit sur toute la terre. Or comme S. Augustin

guſtin remarque eſcriuant ſur l'Exode & contre Fau- *August. q. 1. ſuper Exod. & lib. 2. contra Fauſtum.*
ſte que le courage trop ardent de Moyſe qui tua l'E-
giptien pour venger l'Iſraelite, & le zele deſreglé de
S. Paul qui perſecuta les Chreſtiens penſant mainte-
nir ſa loy firent voir dans ces grands hommes vn eſ-
prit rude & ſauuage mais ferme & vigoureux qui deuoit faire merueilles quelque iour pour le ſeruice de
Dieu lors qu'il y auroit apporté le correctif de ſa grace. *Silueſtre erat vitium ſed magnæ fertilitatis indicium*
Ainſi, Meſſieurs, quoy que ce fut vne fauce generoſité
en noſtre Prince de ſe vouloir rendre protecteur du
peuple contre l'obeiſſance qu'il deuoit au Roy, l'on
recogneut neantmoins dans ces courageuſes ſaillies
de ſa jeuneſſe ce que ſon grand cœur deuoit faire vn
jour pour la gloire de l'Eſtat, pour le ſeruice de Dieu
& du Prince apres que la grace du Ciel & la fidelité de
ſon ſang l'auroient fait rentrer en ſon deuoir.

 Cette reflection ſincere que ie fais de bonne foy
ſur les foibles de ce grand Prince qui m'obligent de le
recognoiſtre homme & mortel portent ma veüe in-
ſenſiblement ſur vne autre marque bien plus funeſte
de ſa condition humaine qui eſt ſa mort. Hà, Meſſieurs, faloit il qu'vn Prince ſi accomply, ſi ſage, ſi
vertueux, ſi neceſſaire à la France euſt vne vie aſſés
longue en apparence, mais trop courte & trop limitée

D

en effet? Si la mort eſt la punition des crimes où trouuons nous dans vne vie ſi jlluſtre, & ſi Chreſtienne
le triſte ſujeƈt qui la haſtée de venir? Non non Meſſieurs, ne portons pas nos penſées ſur ſon Alteſſe mais
reflechiſſons les ſur nous meſmes pour rencontrer la
cauſe euidente de ſon trepas. Il faut, il faut accuſer
noſtre indignité de ſa perte, puiſque c'eſt le ſtile ordinaire du Ciel de retirer à ſoy les bons Princes que la
terre ne merite pas. Quād Dieu eſt juſtemēt courrou-
cé cōtre vn Eſtat, quād il veut luy faire ſentir les coups
redoutables de ſa vengence il frappe de mort ces prin-
cipaux chefs quoy qu'innocens, & meſpriſe déeraſer
cete foule de teſtes viles & inutiles qui ſont les ſuiets de
ſa colere; Et tout de meſme que les plus baſſes valées
fourniſſent ſouuét la matiere des feux & des tonnerres
qui tombent bien toſt apres ſur les plus hautes mon-
tagnes, ainſy les pechez du peuple compoſent ſou-
uent ces traits redoutables que la vengence diuine lan-
ce ſur la teſte des bons Princes par vne mort auancée.

Puis donc que le Ciel n'a pas permis que nous
joüiſſiōs plus long temps de la belle vie de ſon Alteſſe, profitons au moins de ſa Chreſtienne & heureuſe
mort qui eſt preſque le ſeul modele que nous pouuons prendre chés les grands. Leur vie comme neceſſaire au monde a touſiours des priuileges qui ne doi-

uent point estre imités, & qui ne peuuent tirer à consequence pour ceux qui ne sont pas de leur condition: Et nous voyons que l'Eglise mesme qui reuere leur sang, & qui attent de l'appuy de leur grandeur, leur donne des graces & des faueurs qu'elle n'accorde pas aux peuples; jusques là que l'ecriture les regarde en leur vie comme des Dieux *Ego dixi dij estis*, mais quand elle parle de leur mort, elle les range à la condition commune des autres hommes, elle les soumet à la loy ordinaire de tous les peuples. *Vos autem sicut homines moriemini.* Et partant que ce soit sur la belle mort de nostre Prince que nous arrestions la veue puisque nous pouuons former la nostre sur son exemple. Approchós auec respect du lit venerable de ce genereux Chrestien qui veut qu'on oublie ses tiltres & ses qualités, qui ordonne à son Conseil de conscience d'examiner seuerement la vie d'Henry pecheur & mortel sans faire reflection sur sa qualité de Prince. Retenons de luy ce mot pretieux qui peut profiter infiniment à nostre ame que ceux la ne sót point nos vrays amis qui nous cachent les approches de nostre mort. Qu'il nous instruit eficacement du peu de solidité qui est aux grandeurs du monde, par le genereux mespris qu'il en fait! Qu'il presche hautement l'auantage, & l'excellence de la condition Chrestienne par l'ardeur

Psal. 71

D ij

qu'il tesmoigne à repeter auec ioye, qu'il tire toute sa gloire de ce sacré nom! Qu'il nous inspire d'amour & de reuerence vers l'Auguste Sacrement de l'Autel par la ferueur qu'il apporte à le receuoir! Qu'il fait de puissantes jmpressions sur tous les cœurs qui assistent au spectacle de sa mort, par cette presence d'esprit, pour cette fermeté de jugement, par cette constance Chrestiene, qui accompagnent toutes ces paroles & ses actions iusqu'au dernier moment de sa vie! C'estoit la pensée de Vespasian qu'vn Empereur deuoit mourir tout debout. Et ce fut pourquoy il tascha de se leuer de son lit aux approches de sa mort pour la receuoir dans cette posture. Mais certes j'estime beaucoup d'auantage la noble maxime de nostre jllustre deffunt qui estoit qu'vn Prince doit mourir les yeux ouuers; c'est à dire qu'il doit auoir iusqu'à la fin la cognoissance de Dieu & de soy mesme, ce qu'il pratiqua si heureusement qu'il ne ferma pas mesme en mourant les yeux du corps pour marque qu'il auoit encore moins fermé ceux de l'esprit.

N'attendés pas de moy, Messieurs, vne expression plus claire & plus ample de sa mort. Cette parole est trop funeste pour se produire sans estre voilée. Et puis ie m'oublirois de mon texte, & de mon dessein si vous ayant dit comme en passant que le Prince est mort. Ie n'adioutois aussi tost qu'il semble qu'il ne l'est pas. *Mortuus est Pater & quasi non est mortuus, similem enim reliquit sibi post se.* Disons donc qu'il vit encore en la personne du jeune Prince de Condé qui n'a pas moins son esprit & ses vertus, que ses grandeurs & son nom. Disons qu'il s'est fait à cette belle Ame vn transport vniuersel des belles qualités du Prince deffunt, transport qui n'est point imaginaire, ny fabuleux, mais qui a son fondement dans la Theologie, & sa preuue dans l'experience.

Sainct Thomas voulant prouuer en la question 59. de sa 3. partie que le iugement particulier que reçoiuent tous les hommes apres leur mort laisse beaucoup de choses à decider touchant leur vie qui doiuent estre reseruées pour le iugement vniuersel, allegue pour appuyer sa doctrine que les peres estans morts viuent encore en partie en la personne de leurs enfans, parce qu'estans responsables de leur bonne ou mauuaise education, il faut que Dieu en attende l'issuë pour les iuger en commun apres la mort des vns & des autres. Que si les hommes n'ont eu cette qualité de pere que pour auoir donné la vie naturelle à leurs enfans, il est certain qu'ils ne sont aucunement dignes de ce nom, non plus, dit S. Paul, que ceux la ne meritent aucunement d'estre nommés fils qui n'ont que le

D. Th. 3. p. q. 59. a. 5. in corp.

Rom. c. 9. n. 8.

fang & non la vertu des Peres, *Neque enim qui semen Abrahæ, omnes filij*. Mais la veritable voye d'acquerir le nom de pere à l'esgard de ceux qu'on a mis au monde, c'est de les former par l'esprit apres qu'on les a engendrez par le sang, imitant par cette noble reproduction la voye diuine en laquelle le Pere eternel engendre eternellement son Fils.

Ie remarque dans l'Euangile de S. Mathieu que le Sauueur du monde se voyant enuironné de tout le peuple, se retira à l'escart sur la montagne pour instruire ses Disciples en particulier de quelques auis importans qui regardoient la perfection de leur ministere, & là il leur recommenda sur toutes choses d'aspirer à estre parfaicts comme leur Pere celeste. Quelle est, Messieurs, la perfection personnelle de ce Diuin Pere en tant que pere? La Theologie n'en recognoist qu'vne seule qui est d'engendrer vn fils par l'entendement: de sorte que ce que le Sauueur du monde demandoit pour lors de ses Apostres c'estoit qu'ils engendrassent des enfans par la mesme voye. Ce que S. Paul tesmoigne auoir fait faisant naistre des Chrestiens par les actions de l'esprit desquels il se disoit pere, *in Christo Iesu per Euangelium ego vos genui*. Ie ferois tort à vostre vertu, grand Prince dont ie presche les eloges, ie tairois les plus belles parties de vostre vie, si ie n'inuitois mes auditeurs à vous considerer auec moy dans la pratique de cette diuine methode d'engendrer les Princes vos enfans. C'est peu à vostre esgard, pere bien-heureux, de leur auoir donné vne vie fragile & mortelle, qui est esclaue du temps, & qui n'a pour apanage que les tristes restes du peché d'Adam. Vous voulez aspirer à vne genereuse emulation à estre pere parfaict comme vostre Pere Celeste qui engendre son Fils eternel par la cognoissance de tout ce qu'il y a de grand, de sainct, & d'excellent dans luy-mesme. Et c'est pourquoy vous formastes l'esprit du Prince vostre fils comme par vne seconde production sur la haute idée que vous auiez de la vraye generosité, de la profonde sagesse, de la solide vertu : Et cette idée estant la veritable expression de ce que vous estiez vous mesmes, vous imprimastes vostre image dans son ame, dont vous grauiés tous les iours quelque nouueau trait afin que vous pussiéz dire sans blaspheme comme le Pere eternel au verbe son filz, *Ego hodie genui te* que vous reproduisiés tous les iours ce digne fils, que vous luy donniés incessament vne nouuelle naissance.

Iugés apres cela si ie n'ay pas grand sujet de dire que cet heureux Pere n'est pas mort, & que le Prince son fils le porte comme viuant en sa personne : jugés si ie n'ay pas lieu de conioindre si etroitement leur gloire, leurs fortunes, leurs interests, que ie continuë l'eloge du Prince deffunt dans les loüanges du Prince sa viuante jmage. Agreable jllusion! charmante penseé! qui peut effacer de nostre esprit le funeste souuenir de la mort de nostre bon Prince pour nous le representer encor auiourd'huy tout vif & tout animé dans les employs, & dans les glorieuses actions de son digne fils. Si nous cherchons le Prince dans son hostel nous le trouuons en la personne d'vn autre luy mesme au millieu de ses domestiques y exerçant ses bontés & sa justice ordinaire. Si nous entrons au Coseil nous l'y voyons encor en son mesme rang prononçant ses oracles accoustumés, & traçant les heureux proiets d'vne Paix vniuerselle, & du repos de la France. Si nous alons au Palais Royal, nous y trouuons le mesme grand Maistre egalement zelé & fidele au seruice de son Roy. Si nous passons dans cette Prouince, nous y auons nostre mesme Gouuerneur tousiours le Pere & l'appuy du peuple. Quelque part que nous portions nostre veuë, & nos pensées, nous le trouuons si naifuement représenté en son filz qu'il semble que ce soit luy qui viue encores. Ne conceuons donc qu'vn mesme Prince en la personne des deux, faisons leur vne communication reciproque de leurs auantages, & de

leurs

leur gloire. Quand nous oyons dire que le feu Prince de Condé estoit le plus sage, le plus chrestien, le plus docte, le plus eloquent de tous les Princes, recognoissons que tous ces mesmes eloges sont deus au Prince son fils: comme aussi quand on nous vient dire d'autre part que nostre ieune Mars fait trembler toute l'Europe sous la terreur de ses armes, quand on nous dit qu'il efface par sa valeur tous les affrons que la Fráce a receus en quelques campagnes, qu'il fait oublier nostre fuitte deuant Thionuile par la prise glorieuse de cette place, qu'il restablit la reputation de nos armes en Alemagne par la reprise estonnante de Philisbourg, qu'il leue hautement la confusion dont les Dun-kuerquois vouloient ternir nostre gloire, ayant comme mis les colonnes d'Hercule deuant leurs portes pour estre les bornes de nos conquestes. Quand on nous apprend que les Reynes viennent desia des extremités du monde pour l'admirer comme elles firent autrefois Alexandre & Salomon, quand on nous dit que celle qui est sur le Trosne de Suede & qui passe pour vne des merueilles du monde, le visite par des lettres obligentes remplies des sentimens d'estime & d'admiration qu'elle a conceus d'vne vertu si extraordinaire, quand nous entendons le bruit agreable de mille autres bons succez qui viénent tout d'vn temps

E

& comme en foule pour couronner ses vertus, recognoissons que le Prince son Pere a part à tous ces honneurs, à toutes ces victoires, à tous ces triomphes, & qu'il est comme viuant en la personne de ce fils victorieux pour ne mourir qu'auec luy.

Mais tandisque nous le considerons viuant en la personne d'vn autre, n'oublions pas Messieurs qu'il est veritablement mort en la sienne propre, afin que cette triste consideration nous porte à luy rendre fidelement tous les deuoirs de la pieté chrestiene. Nostre Prince a bien vescu, il est vray. Il a fait de belles actions, il a pratiqué de grandes vertus, mais il est alé respondre deuant vn juge dont la seuerité est bien redoutable, & qui ayant annoncé qu'il iugeroit les Iustices mêmes a jetté les fondemens d'vne iuste frayeur dans les consciences les plus nettes, & dans les ames les plus innocentes, & partant ne presumons pas de la iustice de nostre bon Prince iusqu'à tel point que nous arrestions le cours de nos suffrages pour le salut de son ame. Et puisque vous luy auez encore de plus estroittes obligations que le reste de la France, puis qu'il a tousiours esté auec des bontez extremes vostre appuy, vostre Pere, vostre Protecteur, c'est à vous Messieurs, de luy en tesmoigner à present les iustes recognoissances, & de luy rendre auec vne grande ferueur & pieté toute l'assistance imaginable: car il est certain que vous feriez vn tort à sa memoire, qui fletriroit eternellement l'honneur de la vostre, si vous n'estiez tous les iours aux pieds des Autels pour offrir à Dieu pour luy des veux, des prieres, des sacrifices, & tous les autres devoirs que l'Eglise ordonne que l'on rende aux morts, afin d'obtenir de Dieu qu'il le mette au nombre des viuans.

FIN.

www.ingramcontent.com/pod-product-compliance
Lightning Source LLC
Chambersburg PA
CBHW070706050426
42451CB00008B/517